달보드레 나르샤

김영진 시인은 인천에서 태어나서 2017년 ≪리토피아≫ 신인상을 받으며 등단했다. 사)문화예술소통연구소 사무총장, 막비시동인으로 활동하고 있다.

e메일 : y825j@hanmail.net

리토피아포에지 · 73
달보드레 나르샤

인쇄 2018. 3. 16 발행 2018. 3. 21
지은이 김영진 펴낸이 정기옥
펴낸곳 리토피아
출판등록 2006. 6. 15. 제2006-12호
주소 22162 인천 남구 경인로 77(숭의3동 120-1)
전화 032-883-5356 전송032-891-5356
홈페이지 www.litopia21.com 전자우편 litopia@hanmail.net

ISBN-978-89-6412-095-8 03810

값 10,000원

이 도서의 국립중앙도서관 출판예정도서목록(CIP)은 서지정보유통지원시스템 홈페이지(http://seoji.nl.go.kr)와 국가자료공동목록시스템(http://www.nl.go.kr/kolisnet)에서 이용하실 수 있습니다.(CIP제어번호: CIP2018006381)

김영진 시집

달보드레 나르샤

리토피아
LITERATURE & UTOPIA

시인의 말

추억의 빛깔이 붉은 연초록이란 것을 알았을 때
달과 별들에 붉은 뼈들이 자라 잎과 꽃이 되었다.
꽃이 아름다운 것은 상상의 끝자락을 잡고
천국을 살짝 엿보고 있기 때문이라고 생각했다.
상상 위에 상상을 씹어 드러내고 숨기고 허벅지게
피웠다가 덧없이 스러지는 저 달의 집이란 것을
이제야 희미하게 알게 되었다.

2018년 봄
김영진

차례

제1부

제2부

제3부

제4부

| 제1부 |

포장마차

포장마차가 술을 따른다. 닭똥집과 소주의 그림자가 탁자에 가득하다. 배 씨, 고만 마셔. 여편네가 기다린당께. 고개 돌리더니 한마디 더 붙인다. 저놈의 배 씨는 또 외상질이랑께. 때국물 쩐 치부책에다 연필 침 발라 갈매기 그린다. 외상값 다 받으면 청와대도 살 수 있겄제. 넉살이 백열전등 그네를 탄다. 맴은 부자지라, 넥타이 맨 것들이 불상치. 계란말이, 빨간딱지 하나요. 나사 풀린 여자들이 힐끔힐끔 쳐다본다.

꽃의 초대로 뱀이 되는 별

붉은 꽃 옆에서 눈꼬리 치켜뜨면 목줄 핏대도 불끈한다. 발딱 선 귀두에 피가 맺히던 순간, 당신의 냄새를 깊숙이 기억한다. 후두둑 빗방울 떨어지면 비꽃이 산골짜기에 쌓이고 바위틈에 걸린 허물에 달빛이 가득하다.

바람 부는 날이면 구멍과 토굴과 고목나무 뿌리 밑으로 파고든 숭어 대가리에서 피가 뿌려지면 언제나 그랬듯이 봄은 꽃을 뿌리고, 움직이는 물체는 생과 사의 경계가 불온하게 不可解진다.

어두운 하늘에 뱀자리가 처음으로 자리 잡고 꽃이 지상으로 뛰어내리자 꽃잎과 씨앗이 흩어지고 못다한 꿈을 이루기 위해 동맹은 아직 유효하다. 화려한 촛불 파티에 그대를 초대한다.

별이 하강한다. 바람난 봄의 왈츠가 흐른다. 바짝 처든 머리에서 맹독이 뚝뚝 떨어진다. 격정의 키스가 수상하다. 진달래가 목을 꺾는다. 남한강이 물들면서 불타는 북한산을 바라보고 있다. 진달래꽃에 이빨자국이 선명하다. 새벽닭 울기 전 오라는 전갈이 온다.

꽃의 손바닥 위에 뱀의 눈물이 스르르 떨어진다. 안개비 내리는 진달래 바위틈에서 그대 눈알을 파내고 있다.

바다 건너 풀씨 날아오다

春夏.

게 눈 감추듯 봄을 먹고 있다.
꽃비 속에서 딸기들이 얼굴을 붉힌다.
햇살이 스미자 뿌리들이 물에 젖는다.
방구석에 처박힌 나를 향해, 시는 써서
국 끓일겨 어머니 사랑이 허구헌날 묻히고 있다.
시가 헛소리하던 서정의 은유들,
백지장의 온갖 말들이 날마다 해산달을 기다린다.

夏秋.

계간지 편집장 얼굴이 스쳐 지나갔다.
水蜜桃 하얀 복숭아 女根을 아작 씹는다.
꾸덕꾸덕한 습기가 방안의 벽지로 숨는다.
십이지장을 통과하는 장마가 천둥 번개를 친다.
참외씨가 대장에서 싹을 틔우고 있다.
포도씨가 대장에서 꽃을 피우고 있다.
뚜껑이 열리고 닫히고

옆방의 어머니가 한마디 한다.
애야, 두 번 쌀 때 한 번 물 내려라.

秋冬.

그 여인의 가슴이 오늘은 작아 보였다.
이별할까 생각도 해봤다.
목젖이 매너리즘에 걸려 있다.
광장의 비둘기가 야성을 잃었다.
먹이 주는 대로 핑크빛을 보내고 있다.
그녀를 비둘기처럼 사랑하고 싶다고
내 젓꼭지가 말했다.

冬春.

시집만 갉아 먹는 공벌레가 책을 읽고 있다.
돋보기 끼고 무릎 탁치며 동문서답 한다.
난, 연민의 정을 느꼈다, 내 나이쯤의 저 벌레가
쓰는 돋보기 도수는 얼마일까 물어보고 싶다.

그냥 불을 밝혀 주었다.
삭삭삭, 또 한 마리가 나타난다.
공벌레가 사랑을 더듬고 있다. 축하한다.
매화꽃에 죽다 살아난 적이 있다.
단물 향기에 살다 죽은 적이 있다.
바다 건너 풀써 날아오고 있다.

천사의 나팔

달빛이 붉은색 커튼을 친다.
텃밭엔 노랑 붓꽃이 허공에 나비 떼를 그린다.
바다로 돌아가려고 날개를 팔락인다.
숲의 바람이 철조망을 통과할 때
고목나무를 쪼는 딱따구리 아직 배가 고프다.

웅크린 소 한 마리가 꾸벅꾸벅
나무와 숲이 달빛 오선지에 음표를 올리면,
천사들이 일제히 나팔을 분다. 언제나
마지막이라고 생각한다. 그러나
악마가 사랑을 빼앗아가 버렸다. 그리고
다시 마지막이라고 생각한다.

천사의 나팔은 밤에만 향기를 내뿜는다.
딱 한눈에 보일만큼의 거리에서
키스를 마친 후 몸을 떨고 있다.

어느 시인의 개나리 진달래꽃

밤새 달도 따고 별도 삼켜보고 한 줄 쓰면 귓속에서 애벌레 잠자는 소리 들린다.

개나리가 고개를 설레설레 흔든다 고집 부리며 저 잘났다고 하지 마음의 문에 돌쩌귀를 채우고 나리나리 개나리꿈 꿔 봤나 心象을 거울 속에 비춰 보았나.

진달래가 환한 미소 짓는다 바늘귀에 낙타가 통과 중이다 언어들이 사막에서 꿈틀대고 달래달래 진달래꿈 꿔 봤나 心象을 거울 속에 비춰 보았나.

천년의 국화무늬 동거울 물고 거울 속에서 장닭이 걸어 나온다 고려산 비탈을 바라보는데,

초경의 분홍 피 토하고 폐경의 노란 꿈 펼치고 애벌레가 잠에서 깨어나자 영혼의 달빛과 별빛 속에서 모래무덤을 개미귀신이 파고 있다 시끄럽던 귓속이 무풍지대가 된다.

〉

원고지 칸의 여백이 채워진다.

개나리 진달래꽃이 흐드러진다.

노랑치마 연분홍저고리 봄날이 가고 있다.

술은 핑계일 뿐

어둠이 술병을 들고 온다.
초승달도 한 잔 하고 싶어 한다.
한 잔 두 잔 취기가 돌자
초승달이 술잔 속으로 끼어든다
게슴츠레한 눈으로 이 남자,
오늘 하루만 빌려 달라 한다.
들이키면 사라지고
채우면 다시 나타난다.
술은 핑계일 뿐 취하는 데는 이유가 있다.

달과 두꺼비

연못에 놀러온 달의 얼굴이 하얗네.
어디가 눈이고 어디가 코인지 알 수가 없어.
천 년의 사연들이 바람에 나풀거리네.
물고기처럼 물속으로 들락날락하는데
어딘가에서 눈 큰 두꺼비들이 몰려와.
달의 볼살을 야금야금 파먹기 시작하네
부끄러운 달이 허공으로 두둥실 떠오르네.

달보드레 나르샤

미리내*에 살던 푸르미르 한 마리가 아라에서 꼬리 퍼르퍼르하샤 윤슬 위에 물비늘이 깔리면 수피아가 흐노니 하여 온 세상에 알리노니 산들림이 호드기 불고 하마하마 잔잔한 어둠이 나비잠을 재촉하샤 푸른 늘솔길 따라 해오름에 오르면 어라연히프제가 과녁을 맞추샤 몸부림에 태평양이 쫘아악 갈라져 해저에 돌개바람이 에움길 따라 빠져 나가면 하늘길 내줘 꽃잠에서 깬 수피아가 푸르미르 등에 올라타 미리내 속으로, 달보드레 나르샤.

* 은하계에 살던 청룡 한 마리가 바다에서 꼬리를 흔들고 윤슬 위에 물비늘이 깔리면 숲속의 요정이 누군가를 사랑해 온 세상에 알리고 이리저리 내리는 비가 버들피리 불어대니 좋은 소식이 오고 푸른 솔바람 부는 길 따라 해오름에 오르면 치마 입고 쏘는 여인들이 과녁을 맞춘다. 청룡의 몸부림에 태평양이 갈라져 해저에 회오리바람이 빙 둘러 가는 길 돌아 빠져 나가면 하늘길 내줘 첫날밤 치른 숲속의 요정이 청룡 등에 올라타 은하계 속으로 연하고 달콤하게 날아오른다.

하루살이의 유언

단 하루였지만 살만 했다.
그러나 하루만 더 살았더라면,
아마도 나는 지구를 정복했을 것이다.

배롱나무 꽃씨를 심다

지금 몇 번째 생애를 건너가고 있는 것일까요. 당신은 저보다 한 생을 먼저 오셨습니다. 어느 날 꿈이 하도 이상하여 하루 종일 먼산에 피어나는 배롱나무 꽃송이를 바라보며 혼자 미소 지으셨다지요. 그리고 아들을 얻으셨습니다. 고향산천 다 버리고 떠나실 때 한없이 울었다는 기와집 한 채가 선하시다고요.

이제 구순, 노색이 완연하여이다. 두 팔 두 다리는 뼈만 앙상하십니다. 젖가슴은 바람이 빠져 헐렁합니다. 누군가가 모조리 파먹은 탓이지요. 허공에 매달린 육신은 조금씩 퍼주어도 정신만은 못준다는 당신은 우리를 어딘가로 줄기차게 인도하였습니다.

가시는 날 배롱나무 씨앗 하나 어머니 가슴에 심어 드리겠습니다. 고향 찾아 찾아가시면 따스한 봄날 그 기와집 안마당에 심으세요. 우리도 언젠가는 고향집을 찾아갈 겁니다. 그때에는 어머니 이미 심어놓으신 배롱나무꽃이 가득하겠지요. 어머니 머리맡에 배롱나무꽃이 피었습니다.

봄비

바다 건너 별밭에도 비가 내리는가
혹시라도 그대의 잠 깰까 봐
살금살금 쌓이는 비 보슬보슬 지워버리네
거품처럼 보글보글 꿈꾸는 새벽
매일같이 당신의 별에서 날아오는
달콤한 戀書라고 믿었네.
허름한 문장들이 비를 맞으며 무릎을 꿇네.

장미의 침묵

빨간 가시 밀어 올리는 오월, 하늘하늘 치마에 매달린 장미 레이스, 잘록한 허리, 사과처럼 가슴이 봉긋한 여인, 꽃잎을 벌리고 침을 맞으면 붉은 눈물을 흘릴 때마다 잎사귀가 시퍼렇게 손톱을 세워 제 몸을 돌돌 만다. 꿀벌의 밀랍을 훔쳐 바른다. 바람이 습기를 빼내면 가시가 되고, 함부로 꺾이는 절대 습성을 거부하는 이곳은 남쪽이다. 비바람 지나가고 거미 떼가 기어올라 은빛 명주실 뽑으면 장미의 아열대 아시아가 시작된다.

담장을 타고 오르는 저 가시의 종아리에서 장미의 입술을 바라지 마라. 천둥 번개치고 비 맞고 삭풍을 견디면서 오월에 구금되어 붉은 눈시울로 매달려 있다. 차카라카 치초 차카라카 치초, 응원소리가 퍼져나가는 여기는 더 나아갈 수 없는 노란민들레 풀밭의 끝이다.

담장이 완강하게 방어벽을 쳐대면 고개 쑥 내밀어 지나가는 동물과 식물을 유혹하는 성찬대, 성스럽게 바치는 붉은 장미의 침묵, 벽돌색 문을 열고 들어오면 사내들이 눈을 크게 뜨고 상상하는 개미허리의 권총, 그 사내를 겨눌 것 같은 햇살, 드러눕고 싶은 푸른 하늘 아래 장미의 정원을 보아라. 벽돌담으로 쌓은 엉겅퀴들이 날아다니는 이름 모를 새들 눈을 찌르고, 담장 사이로 보이는 저편에 여인과 사내들이 기다리던 석 달 열흘, 백일이 적나라하게 펼쳐지는 화려한 장미는 침묵 중.

딸기

하얀 딸기꽃이 피었네
이 꽃 저 꽃 뒤영벌이 인사하네
연둣빛 얼굴이 붉게 물들어 가네

하얀 쟁반의 딸기
내가 먹었지 없지 어머니가 먹었지
딸기 먹었지 없지 뒤영벌이 먹었지
해와 달과 별도 먹었지

하얀 쟁반의 딸기
먹었지 없지 무릎이 먹었지
먹었지 없지 허리가 먹었지

무릎에서 딸기가 열렸네
허리에서 딸기가 열렸네

신음소리가 밤새 탈출구 찾네

병원 계단에서 삐걱소리가 났네
엑스레이가 뷰 박스에 걸리네
어머니가 은하계에 떠다니네

삼십년 농사지은 딸기 누가 먹었지
어머니 무릎이 먹었지
어머니 허리가 먹었지
나도 먹었지 너도 먹었지
해와 달과 별이 합창하네

딸기 먹었지 없지
내가 먹었지 없지
허리가 먹었지 없지
무릎이 먹었지 없지

하얀 쟁반의 붉은 딸기 속으로
등어리 휜 어머니 걸어 들어가시네.

석류가 익으면

스트레스가 소주 펀치를 맞으면 선택 아닌 필수가 된다.
사랑은 젖어드는 거라지, 핸드폰에 눈동자가 목말라 있다.
산전, 수전, 공중전, 이어 업어치기가 들어온다.

갈기 날리며 백마 한 쌍이 달리고 있다.
보름달 허리에 찬 혁대 풀어 내리치면
붉은 울음소리 해변을 메운다.

스펀지의 흠뻑 젖은 사랑이 몰려오고
그 발자국들을 파도는 부지런히 지우고 있다.
별을 삼킨 조약돌이 붉은 석류의 혀를 빨고 있다.

배낚시

뱃머리가 흔들리고 뱃속이 흔들린다.
날마다 바다는 바다를 마시고 다시 토해낸다.
해초, 산호초를 뜯어먹고 다시 물고기를 토해낸다.

뱃머리 흔들흔들, 한 잔 술에 흔들흔들,
붙잡힌 농어 한 마리가 뻐끔뻐끔 바다를 토해낸다.
출렁이는 파도의 춤사위는 물고기들의 영혼제다.

공원의 전개

새벽이 하얀 벤치에서 졸고 있다.
어둠이 조금씩 허물어지면 무당벌레는
나뭇잎의 뒷면을 읽으려고 머리를 돌린다.
밤새도록 읽은 앞면을 보기 위해
햇님이 안경을 찾고 있다.

잠에서 깨어나면 갈색 푸들이 들어온다.
기다란 목줄에 여인이 끌려가고
찔끔찔끔, 뒷다리가 허공에 매달린다.
비둘기 날아오르면 날개 비틀어 비듬을 털어내고
공동경비구역 허공을 맴돌며 화살을 쏜다.

내 나이가 어때서,
박자를 척척 입히는 사람들
불꽃의 율동이 동영상 속에 삽입된다.
바람난 수캐들 신바람이 꼬리에서 춤춘다.

〉

어느 쪽을 바라보아야 하는지
목줄이 방향을 가리키며 잠시 후 좌회전입니다.
건널목 있으니 천천히 끌려가시기 바랍니다.

후루룩후루룩

청실홍실 메밀국수집
사람들이 줄을 서있다.

아홉 번 끓여 낸 살얼음 육수에
생 무즙, 파, 겨자, 식초 섞어
똬리를 튼 메밀국수를 말아서
후루륵! 시원함이 살랑살랑거린다.

청실이 노래 부르고 홍실이 춤을 추고
건너편에서는 주머니 가벼운 백발노인들이
고향을 마시고 싶어 서성거린다.

차가운 성질이 있어 북쪽 공기에 잘 자라는 메밀
실향민들은 여름이면 더워서 한 그릇 뚝딱 후루룩
겨울이면 고향생각에 한 그릇 뚝딱 후루룩

밤새 돈 세다 말고 잠든다는 풍문이 돌고

여름 한 철 장사로 일 년을 먹고 산단다.
입맛을 다시며 나오자 폭염이 확 달려들었다.

타는 이파리

가로수에 불이 났어요.
바람을 타고 피톤치드 바르고 있어요.
타고 나면 노랗지요 붉지요, 불씨들이 대지에 떨어져요.

벌레들이 제일 먼저 몰려들어요.
끊임없이 천연 살균제를 뿌려주어요.
새들도 타는 불 속에서 시소를 타네요.

다람쥐는 지난 가을 숨긴 도토리 두 손에 감싸고
오물거리네요. 부드러운 꼬리털이 살랑대네요.
이름 모를 새들이 수직으로 낙하하며 불을 즐겨요.

| 제2부 |

벙어리장갑에 핀 꽃

왼손을 흙속에 파묻자 오른손이 눈물을 흘렸다.
왼손이 잘려나갔지만 불편함은 없었다.
다만 마음의 집에서 자란 나무들이 꽉 차 가슴이 답답했다.
허전한 마음의 육체가 왼쪽으로 더 기울어지고 있었다.
오른 손등 위로 그림자가 희미하게 지나갔다.
허리 굽은 모습이 실눈 뜬 수정체 속에서 어른거렸다.

장미를 심어 밤늦게까지 꽃을 키우고 계셨다.
당신은 해마다 장갑 위에 핀 꽃을 선물하셨다.
눈물점에 습기가 꽃의 형태를 일그러뜨리고 있었다.
입동 무렵, 벙어리장갑 위에서
장미꽃이 활짝 피기 시작해 봄까지 피어 있었다.
그 해 겨울은 따듯했고
당신은 벙어리장갑 위에 핀 장미꽃에서 나오시더니
당신의 주름살에 핀 검은 꽃에 분을 바르고 계셨다.

지금 카톡 중

비가 촉촉하게 젖어오면
핸드폰, 수십 개의 앱이 동시에 얼굴을 내민다.
노란 카카오톡 쇼윈도우 채팅방,
이 방 저 방 술 파트너 찾아 노크한다.

-모하삼?
-쓸쓸히 있음
-해물 파전에 막걸리 어떠신가?
-넵
-노란대문 오후 6시 반
-알쓰

청바지에 줄무늬 티샤쓰 걸치면
시골 어머니 목소리가 귓속 배내털을 세운다.

-미안함
-뭐가?

-어머님 오신담
-오늘 술은 내가 사려 했는데
-아쉬워라
-술은 산 거로 인정해 주게나

초인종이 울리자 강아지가 앞장을 선다.
택배입니다. 샤브샤브용 소고기가 식탁에서
어머니를 기다리는 동안

나는 지금 꽃잎과 카톡 중이다.

돌돌 말린다

꽃들의 미소가 환해질 때,
나팔꽃 키는 한 뼘, 마음은 두 뼘씩 자라,
콕 찌르면 파란 물이 공중으로 흩어진다.
하늘이 터질까 걱정이다.

포도나무 묘목에 날개가 돋아났고,
송알송알 포도송이 익을 때까지 참아 달라 말 건넨다.
나팔꽃과 포도나무가 돌돌 말려 한식구가 되었다.

작은 바람이 꽃잎 흔들어 큰 바람 일으키고,
그 바람은 나뭇잎에 올라타 산들바람을 만든다.
꽃 피고, 열매 열리니, 향기가 돌돌 퍼져 아름답다.

나는 돌돌 말린 꼬마 김밥을 먹고
당신은 돌돌 말리는 파마를 하러 가고,
다시 혀뿌리 돌돌 말려 벌컥벌컥 물 마신다.

시가 혓바닥에 돌돌 말린다.

그림이 눈동자에 돌돌 말린다.

노래가 입천장에 돌돌 말린다.

왕자님이 지나 가셨다

몸이 여름날 엿가락처럼 늘어질 때,
왕자님은 연락도 없이 오신다.
어젯밤에 또 왔다 가신 모양이다.

옛날 꼬추 두 개 달린 왕자가 태어나,
소문이 날까 쉬쉬하고요.
세월이 흘러 성년이 되어,
황홀한 몽정지도를 그렸어요.

왕은 신하에게,
꽃받침 두 개 달린 여자를 찾아오너라!
몇날 며칠 몇 달이 지나도 소식이 없었고,
슬픔과 걱정의 시간이 흐른 후,
꿈속에서 그녀 방을 들여다보니,
두 개 콧구멍이 보여, 아하 !

예쁜 콧구멍에 몰래 사정을 해,

코감기에 걸렸어요.

콧물이 훌쩍훌쩍 들락날락거리면,

왕자님이 지나가셨다는 전설이,

먼 나라에서 전해 오고 있습니다.

바람이 시들기 전에

중복이 지났다.
낮엔 푹푹 밤에는 열대야
더위 먹은 바람을 끼고 산다.

바람의 혀가 잉잉거리지만
다 잊고 간절함으로 산다.

이 바람은 똥바람
저 바람은 밥바람
요 바람은 시바람

똥을 주니 열매가 달려
열매를 모아 밥을 짓고
밥 먹고 시를 쓴다.

바람이 시들기 전에
노래도 몇 곡 배워야지

춤도 몇 가락 익혀야지
시도 몇 편 남겨야지
시간이 바쁘다.

달의 옆 동네에 사는
별의 숨소리 바람 하나가
가슴을 스치고 지나간다.

이승에선 바람 잘 날 없지만
바람의 傳言 저승에선 고요하다네.

금가락지와 도마뱀

바다에서 뭍으로 하늬바람이 불었다.
캄캄한 밤 어머니는 나를 업고 총알비 피해가며
갯벌로 미끄러지듯 도망치셨다.
핏물 뚝뚝 떨어지는 고기덩어리에 들개 떼
물고 뜯고 씹고
은가락지 하나 빼주고 금가락지 하나 빼주니
밤배 소리 없이 날아간다.

성난 파도 붉은 뱃머리와 샅바 싸움을 한다.
배지기, 잡치기로 기우뚱, 쩍쩍, 물이 새고
청 샅바가 숨을 고르는 틈을 타
일그러진 배는 교동섬에 도착하니
바람도 따라 내려 하루쯤 묵어간다.

남은 금가락지 주고 간신히 방 한 칸 얻으니
목구멍에선 하얀 거미줄이 생기고
숨이 턱턱 넘어 가고 있었다.

아이들 시켜, 장지도마뱀 잡아
생사탕 끓여 숟가락에 퍼 호호
죽음의 하얀 풍선벽이 무너졌다.

타닥타닥, 곡우시절

벼락 맞은 대추나무에
고무신 벗어 타닥타닥 흙을 턴다.
타닥타닥 소리가 누렁이를 부른다.
개울가 둔덕 봄나물 밭에서
곤드레 뜯어 돌아온 어머니

나는 어머니의 투박한 손으로
옥수수를 섞어 지어주시는
곤드레밥을 무척 좋아했다.

저녁 햇볕이 아궁이 옆에서 졸고
참나무, 솔방울이 타닥타닥 타고
가마솥이 설설 끓어 혀를 내밀고

마당 한편에 철쭉이 피고 지고
텃밭 모퉁이 느티나무 위 뻐꾸기가
박새 둥지 속 바라보며, 뻐꾹 뻑뻐꾹!

거칠고 차가운 마루바닥에 앉아서
서럽게 배고팠던 추억의 보리고개
곤드레밥을 꾸역꾸역 먹고 있었다.

소똥 냄새가 스며든 고무신
빼꾹빼꾹 목 놓아 울던 고무신
앞산, 뒷산 붕붕 떠다니던 고무신

어머니의 누런 고무신이 봄날을 끌고 가고 있었다.

똑똑

천장에서 물이 똑똑 떨어져요
원룸 301호 조선족 아줌마
목소리가 한 뼘 통화로 들렸다.

제삿날 돌아오듯 년중 행사다.
노후 건물이라 배관 이음새가
수압에 관절염을 앓고 있다.

무릎에 물이 고여 통증이 고개를 내밀자
약통 문이 열리고 오줌이 조금만 차면
급하게 타전, 접수도 빠르게
화장실 변기 뚜껑을 연다.
소변, 대변의 쾌감이 황홀하다.

몸에는 무시로 통증이 찾아오고
무릎, 전립선 치료하면 한 백년 더 살까
올 가을 진료를 받아야 하는데

배관 날림공사가 머릿속 주위를 맴돌고
공중에 매달린 수액이 똑똑 떨어져
호스관을 타고 혈관 속으로 스멀스멀
상상이 망막에 잔상으로 남는다.

복도는 여기저기 똑똑 소리가 질펀해져
물이 물을 밀고 아래층 계단을 타고 있을 때
나는 301호 문을 똑똑똑 두드리고 있었다.

수수꽃다리

북한산 중턱에서 이방인 눈에 확 끌려
오른쪽 여백에 찍혀 신천지 행 비행기를 타고
추억의 경계를 정리한다.

밤이면 꽃 피우기 위하여
돌탑 쌓아 물 길어 올리고
낮이면 활짝 피어 향기 십리 마중을 갔지

금빛 바다에 돛단배 타고 온
노루가 꽃물 등에 바르고 가는 밤이면
앞산, 부엉이가 밤새 울곤 했다.

추억이 잘게 쪼개져 흩어지고
초경을 막 치른 소녀의 분 냄새
마님 화장대에 숨어 서방 바람끼 눌렀다지

유리 비커 속으로 떨어져

이 옷 저 옷 잡수시고 쏘오옥 내밀어라
온발 머리가 기도한다.

북한산에 개나리 서너 번 피고지고 해도
전화 한 통 없는 진보라, 활짝 피면
뉴욕 맨해튼 센트럴 파크에 미스 김 라일락,
집성촌 이루어 오늘도 전설은 자라지만

북한산 지키고 있는 수수꽃다리는
미스 김 라일락, 전설을 들어본 적이 없다.

텃밭

텃밭에 상추가 춤을 추니 비가 내리고
쑥갓이 노래하니 바람이 분다.
오이꽃 피니 햇살이 쏟아지고
이것저것 퍼주니 애호박도 열린다.

당신은 상추와 쑥갓을 뜯고
나는 눈부신 햇살을 마신다.
당신이 살고 있는 내 마음에도 텃밭이 있다.

단오에 무성하게 자란 잡초를 뽑기로 하고
앙탈 부리는 놈부터 허공에 날린다.
이사 못간 맹꽁이가 몸통 부풀려 씩씩대고
개미, 진딧물, 배추벌레도 뽑혀 나가자
허물 벗겨진 긴 쪽배는 속살을 드러낸다.

상추, 쑥갓에 강된장 보쌈 파티를 시작하자
노릇노릇 삼겹살이 입속에서 구워진다.

마음의 텃밭 너머 푸른 바닷물 들어

당신에게 만선 보내고 싶은 마음 있어 지낼 만 했습니다.

나는 내가 싫다

그 해 겨울, 북극이 한반도까지 넓히고
벚꽃이 스트레스를 받아 폭폭 팍팍 터질 때
꿈이 꿈을 꾸고, 일탈을 즐기는 설레임들
갈매기 어깨에 휘파람 올려 밤의 열기를 토하고
행위가 어둠 속에서 빅뱅하는 월미도 카페거리
머리에 꽃, 시스룩에 빨간 루즈 여인들
음악 소리의 비율은 마술이 되고
붉은 좀비들 사브작사브작 춤을 추었지

입 다물어라 내 춘풍 들어간다.
입 다물어라 내 새끼 들어간다.

흙장미 커튼이 쳐진 창문 옆 가로등 불빛 아래
파란 좀비들이 둥둥 떠다니며 허우적거리네
그녀는 빨간 입술 벌려 안개 뿜어내고
난 구슬비 서 말로 봄비 속의 여인 그렸네
입 다물자 내 춘풍 나왔다.

입 다물자 내 닮은 우주 생겼다.

연애 한 번 못해본
난쟁이 똥자루, 소갈머리 없고, 메기수염 기르고
ㅋㅋㅋ

언어는 달라도 검은 머리, 까만 눈동자, 암갈색 피부
천만 원이면 보쌈 해올 수 있다는데
나는 내가 싫다.

* 카톡에서 입 벌린 이모티콘을 받아 보고.

고목나무에 김밥 매달다

저녁을 먹고 가기로 했다.
빨간 루즈 할머니가 김밥을 말고
할아버지는 식탁을 닦고 계신다.
고목나무 두 그루가 분주하다.

고목나무에 매달린
김밥이 식탁 위에 놓여지고
살살 말리지 못한 옆구리가 터져
노란 단무지가 한 성깔 내지르고 있다.
그래도 맛은 기갈이 감식이다.

김밥, 분식, 찌개, 덮밥, 양식
백여 가지 음식을 만드는 쉐프다.
된장찌개 둘 빨리 갔다 드릴 게요
할머니 양 손이 난타 공연을 하고
할아버지가 미장원으로 배달을 간다.

〉

황혼에도 친구가 필요하다.
황혼에도 애인이 필요하다.
할아버지가 김밥 먹다 꼬셨나보다.

고목나무에 매화꽃이 피고 있다.
고목나무에 김밥이 매달리고 있다.

할머니는 빙그레 사랑을 말고 계셨다.

강아지에게 부채질하다

여름은 털 달린 강아지에게 헉헉하다.
빨간 머리 여인이 강아지에게 부채질 한다.
넋 나간 듯이 여인의 뒷모습을 들여다본다.
깨끗한 아파트 엘리베이터에서 내리면
자동키로 대문이 열리고 강아지가 강중강중
오밀조밀 정돈된 듯하지만 흐트러진 물건들
가족은 없고 반려견 키우는 혼족이다.
그녀에게도 사랑한 기억의 휴지통이 있을까
불면으로 쥐어뜯겨진 머리카락이 뒹굴까
개 같은 놈! 나만 사랑하면 되지
그 년이 그렇게도 좋으냐 ?
배신의 칼날은 점점 날카로워지고
머릿속은 온통 첫사랑이 가득 차 도무지
다른 일이 잡히지 않아 삼년 앓고 나서는
꿈속에서 그 놈 심장을 꺼내 비수를 꽂을 때
저 강아지가 핥고 있을까
곰곰이 생각하다가 나간 넋을 다시 접는다.

그녀는 강아지와 입 맞추며 털 속으로
시원한 사랑 바람을 부쳐주고 있었다.

거야

친구들과
기분 좋게 술 한 잔
마시고 있는 거야
유리창으로 모여드는
얼굴들이 지금 분위기와
다르게 빠져나가 버리는 거야

도심은 왁자지껄 하루를 마무리하려 하고
별들이 반딧불을 끌고 와 입술에 올려놓는 거야
그만 어디론가 끌고 가 통곡을 토해 내고
홀로 남겨진 나를 위해 색소폰 소리 들리는 거야
생각이 스쳐 지나갔지만 답답함은 여전하고
행복이나 불행은 허락도 없이 온다는 거야
얼마 전 꽃과 성난 파도가 지나갔다고 느낄 때
창유리를 통과 해 친구들이 제자리 앉는 거야
빨간 루즈 칠한 여종업원이 다가 오고
생각이 입술로 빨려 들어가는 거야

벽에 빨간 글씨가 내 눈에 확 박혀 버리고
나는 환하게 웃는 거야
나는 질끈 바보가 되였고
알딸딸 금연구역을 벗어나고 있었던 거야.

귀가 움직인다

구월의 마지막 일요일인 데요
안 팔리는 변색된 상품 같은 날이네요
박물관 진열된 빗살무늬 토기 같구요
지난 토요일 밤은 좋았는데요
친구들과 삼겹살 파티도 하고요
상추에 고기를 은유에 찍어 싸서 먹는데
입보다 귀가 먼저 알아 봐요
귀가 움직인다고 킥킥거려요
보르네오 섬 침팬지 귀 닮았대요, 글쎄
시장 좌판에 올려진 돼지머리 콧구멍에
바람 들어가면 귀가 움직일까 궁금하네요
웃는 돼지머리가 친근해요
지폐 물린 돼지머리
콧구멍, 귓구멍에서 지폐가 춤을 추네요
창고 대형 마트 구경 가실래요
마트 보물찾기 떠나는 데요
공기의 혀가 부드럽게 귀를 핥고 있어요

오늘은 휴무입니다.
허탕에 실망을 말아 먹고
다시 뒷전에 자리 잡네요
저장된 스캔을 재생시키자
눈과 귀가 감각의 늪에 빠지네요
적요 속에서 귀가 움찔거리고
떠오르는 시상을 뜰채질 하고 있네요

어쩌죠, 습관적으로 맞이하는 공간을.

백운역

백운역에 백운도사는 없고 사람들만 모였다 흩어진다.
일터를 찾아가는 사람들 뜬구름 잡으러 가는 사람들
내리고 올라타고 고샅 같은 어귀는 수런스럽다.

驛은 꿈도 못 꾸던 기찻길 옆 시끄러운 동네
아파트 바람이 불어 분양 미끼로 생겨난 백운역
건설 허가 손에 쥔 그룹 회장님이 쎈 분이셨다.

흰구름과 뜬구름이 뒤섞여 한때 떴다방들의 천국
아파트 분양 중이라는 현수막이 바람에 나부끼고 있다.
백운역 하늘에 흰구름만 떠있다.

수전증과 막걸리

아버님 글씨를 잘 쓰셨다.
빛바랜 족자 속 다도해처럼 이어지는
붓 끝에 호랑이가 타고 있었다.

허구헌날 술에 취해 돌아오시고
어머니 쌀독에서 잔소리가 풀어지면
집안 분위기 살얼음판이었지만

옆 동네 박 씨 글씨 써달라고 와서
먹을 갈아 화선지 깔아 드리니
붓끝이 허공에서 떨리고 있었다.

막걸리 한 사발 쭈우욱 들고
주먹을 몇 번 폈다 오므리니
붓이 화선지 위에서 춤을 추고 있었다.

구멍이 보인다

지난밤 꿈속에서 달에게 길을 묻자
내 콧잔등에 빨대를 꽂고 있다.
탈출구를 막자 앵앵이가 곡예비행 중이다.

내려치자, 붉은 꽃이 만발하였다.
팔다리에 분화구가 솟아 있고
간밤에 치열했던 상처가 미안하다.

잠자리에 눕자 또 앵앵거린다.
파리채도 자다가 벌떡 일어난다.
도끼눈 뜨고 도끼로 닭 잡듯 내리친다.

거울을 보니 전리품 사체가 귀 밑에 붙어 있다.
방충망 밑으로 구멍이 보였다.
뒷면에 달라붙은 놈들이 구멍 쪽으로 향하고 있다.
구멍은 무섭고, 아름답고 섹시하다.

| 제3부 |

거봉포도에 매달린 하루

거봉포도 한 알 깨물다가 어금니가 비명을 지른다.
쌀알만 한 돌이 나온다 머릿속이 갑자기 환해진다.
몸 구석구석이 허물어지고 있다.

치과에 가 안면 파노라마 한 장 찍는다.
아~ 아~ 크게 벌리세요 긁고 쑤시고 두드리고
입 속 우주를 촬영하더니 금관을 씌워야겠단다.

윙윙윙~ 내 몸에서 화장터 냄새가 난다.
모래가 날리고 폭풍우가 쏟아진다.
블랙홀이 오늘은 더 소란스럽고 수상하다.

빠지고 씌어지고 버려지는 일만 남았다니
쓸쓸하다.
오늘 하루가 포도씨에 매달려 있다.

부평 깡시장

부평 재래 깡시장 좁은 골목에는 사람 반 물건 반이다. 김이 모락모락 나는 순대 지글지글 닭강정 튀겨지고, 발톱 가지런히 오동통한 족발에 미소가 댕그렁거린다. 초딩 시절 어머니가 어묵 사주면 쫓아가던 시장 골목, 명절 때 떡 주문하고, 육고간에서 산적거리, 불고기, 똥그랑땡 돼지고기 사서 방씨네 어물전으로 가 씨알 굵은 조기에 말린 가오리 사 들고 치마를 날리며 스르륵 스르륵 뱀소리 내며 걸어오시던 어머니의 시장 골목.

새벽 경매로 문을 연다. 자~ 이것이 뭐냐? 강원도 고랭지 배추 맛있고 고소하다 자 어잇 번호 달린 모자 쓴 중개인들의 숨겨진 손가락이 까닥까닥한다. 어여여~ 27번 낙찰 깡. 중개인 자리 앞에 물건들의 가격표가 붙여지면 좌판 장사꾼들 몰리고 손님들 구경하고 흥정이 시작되고, 왁자지껄 욕지거리가 웃음에 섞여 뛰어다닌다.

사과장사 아줌마 옆 오이지 파는 홀아비와 정분이 나 곰보 신랑한테 두들겨 맞아 홀아비 얼굴에 오이꽃이 피고 손 싹싹 빌었다는 깡시장 삼각관계 전설은 아직도 이세 삼세를 탄생시키고 있다. 물건만 파는 곳이 아니라 노래, 춤, 도박, 사랑, 와이담도 팔린다. 홍두깨 손칼국수 한 그릇 뚝딱 먹고 까만 비닐봉지 들고 정지문 열고 들어서면 털보숭이 강아지가 좋아 꼬리를 흔든다. 깡깡깡.

북소리 들린다

날나리 소리 간드러지고 둥둥 북소리 가슴을 파고든다.
오방띠 두른 상쇠 쇳가락에 장구 징 북이 대답하고
상모에 달린 하얀 고니 깃털이 아래위로 까딱까딱
양반 스님 포수가 빙빙 돌고 중생들이 압축 됐다 풀리고
풍물패 놀이마당에 눈과 귀가 여기저기 날아다니고 있다.
풍악 소리가 잡아끌고 발바닥이 박자를 맞추고
추임새가 절로 얼쑤~ 함성이 허공을 가른다.
구수한 약장수 재담에 울릉도 호박엿이 입속에서 녹는다.
가는 사람 오는 사람 초가을 하늘 아래 너도 나도
어우러져 큰 잔치 볼거리 먹거리 재밋거리 좋다.
빈대떡에 막걸리 한 잔 여기가 태평성대다.

그날 밤 천둥소리 둥둥~
베개에 달라붙어 밤새 잠자리가 둥둥 떠 있었다.

배를 먹다

은하수 펼치고 달 뜨니 하얀 배꽃 매달리고
황갈색 피부가 가을이다.
고향의 바람 소리 햇살을 육즙에 담아 왔네

나주나 천안에서 왔나
봄 미소 살포시 투영 되고 여름 햇살 싱싱한 청춘
복이 가득 담긴 달덩어리를 바구니에 담는다.

비바람 태풍 꿋꿋이 이겨낸 정지용의 향수 시골집
밤잠 설친 여름도 이 가을 배 한 입 물고 나면
다 지난 일

껍질 돌려 깎아 하얀 조각달 한 입 깨무니
입 속에서 두견새 튀어 나온다.

바람의 단풍

잠깐 본 단풍이 마음의 발길을 잡는다.
붉은색 바람 잎사귀 뒷면에 파고들면
숨을 참는다. 문을 닫는다.
마침내 붉은색으로 바뀌면 격정의 시간을 정리한다.
추웠고 뜨거웠고 비바람에 흔들리고
곤충들에 시달리고 새들의 은폐 받아들이고
개미의 길을 만들어 주었다.
밤이면 딱정벌레 잔치상을 차리고
바람이 힘들다 하면 쉬어가라 의자도 내어주고
여름 한철 잘 놀다 간 바람
초록색 지겨워 붉은색 갈아입힌다.
바람은 패셔니스트다 바람은 단풍의 고향이다.
어머니 세상 뜨실 때 손 흔들어 주던 단풍 아래서
어느 혼자 사는 여인의 배경으로 찍혀 단풍잎으로 잠잔다.

가을이 깊어져 째즈의 노을에 잠길 때
단풍은 예쁘게 물들고 달은 차오른다.

빈 들

몸을 비비꼬니 봄이 꿈을 꾼다.
파란 새싹이 햇빛에 눈이 부시고
몸을 활짝 여니 여름이 구슬땀을 흘린다.
몸이 쓸쓸해지니 가을이 아름답게 단풍에 들고
오곡백과가 탐스럽게 몸을 웅크리니 겨울이다.
하얀 눈 만들기 전에 먹거리는 다 거두어 간다.

모든 이를 사랑할 겁니다. 시간이 별로 없습니다.
하루하루가 기쁨인 걸 예전에는 몰랐습니다.
쿵짝, 하면 하루가 저무는데 여전히 미적거립니다.
왜 서두르지 않습니까 왜 아직도 잠잠합니까
대답이 없습니다. 대답할 사람은 다 떠났습니다.

빈들에 빈 바람만 빈속에 취해서
비틀거리는 나는 바람의 허수아비입니다.

단풍나무가 무릎을 꿇다

푸른 하늘에 가을이 걸려있다.
단풍 보러 가까이 가자 나무가 무릎을 꿇는다.
탄성이 입에 매달린다.

강가에 매어 놓은 낚싯배
찰랑찰랑 두 손 모아 기도한다.
강 한가운데로 간다.
그림자는 길어지고 잔물결 위에 햇살이 내려앉는다.
붉은 비늘 단풍잎에 붙이고 쏘가리 공중제비 인사한다.

지렁이 떡밥 깔딱도 안한다.
바람의 시간이 강바닥을 헤매다가
뽈록뽈록 기포 터뜨려 초침을 맞춘다.

강가에 물고기도 가을을 탄다.
붉은색 노란색 갈색 모자 쓰고 단풍놀이 하고 있다.
산등성이에 노을이 불을 지르자 보고 싶어졌다.

무릎 꿇은 단풍나무로 오세요
작은 낚싯배와 붉은 노을이 도란도란 이야기하는 곳
그곳에서 당신에게 꽃다발을 드리겠어요

차이나타운

차이나타운 구경하려고 길을 나섰네 인천역에서 자유공원으로 하늘을 찌르는 날렵한 지붕 여기저기 노란 금색 장식 화려하고 찬란하여 이국적이네

판다 인형이 눈을 맞추네 달을 조각내어 만든 월병 둥둥둥 공갈빵 떠다니고 화덕 속에서 음메 소리 양고기 꼬치 굽는 냄새 참새 가족도 기웃거리네

왼쪽 오른쪽으로 비비고 나면 후루룩 고소하게 넘어가네 노란 개나리꽃 단무지가 웃고 춘장에 양파를 찍어 알싸한 맛 곁들이면 느끼함은 없어지고 깔끔 담백 고소하네

월병에 공갈빵 사들고 기념 스냅 사진 찍고 헉헉 자유공원 품에 안기면 당신과 나를 평화가 맞이하네

발가락 잘린 놈 눈동자에 공갈빵이 박히네 공갈이 땅에 떨어지기 전 사라지네 공갈 공갈 바다 바람이 채어가네 비둘기는 허공을 바라보다가 맥아더 담배 파이프 위에 앉아 멍하니 차이나타운을 내려다보네.

재미가 따라다닌다

장마비 내릴 때 잎 뒷면에 붙어 있던 잠자리가 궁금하다.
붉게 물들어 버짐 먹듯 온 산 먹으면 만세를 부를까
첫눈 오는 날 만나자는 약속의 기다림이 재미있다.

광고지에 물티슈를 공짜로 받는 재미가 있다.
천국에 가고 싶으세요 설득하는 것이 재미가 있다.
두 손 들고 마는 그녀 입에서 송충이가 나온다.

시의 모티브를 찾는데 밤새 희열로 활자의 탑 쌓는다.
빙빙 돌다가 잠자리 드는데 재미가 이불속 까지 따라온다.
꿈속에서 히죽히죽 시를 쓰는데 오줌마려 깬다.

분꽃축제

앞마당 한켠에 흐드러지게 핀 꽃
파란 잎새 위로 군무가 한창이다.

나팔 불면 향기에 빠진 노랑나비가
분홍색 꽃 속에 얼굴 묻는다.

땅에 꽂았던 칼자루에서 꽃이 폈다는 전설을
다시 묶어 구라파의 바다로 보낸다.

저녁 이쁘게 한 상 차려 놓으면
어머니 머리에 탁탁 수건이 돌려지고

철썩철썩 모래알 찾는 소리 들리면
아궁이에 불지펴 장작이 타들어 간다.

나는 동네 어귀에서 말뚝박기 놀이 하다
분꽃이 피면 누렁이와 집으로 돌아온다.

핸드폰으로 찍다

핸드폰 속으로 폼 내며 들어가 본다.
찰슨 브론슨 흉내도 내보고
아랑드롱 미소도 따라해 본다.

배우처럼 멋있게 찍히기도 하고
거리의 룸펜처럼 찍히기도 한다.

양변기에 자리 잡고 앉아
배변의 즐거운 표정을 찍는다.
카톡으로 보내자 멋있다는 메시지 뜬다.

새로운 패러다임이다.

누가 스위치 좀 꺼주세요

어젯밤 양념에 잰 돼지갈비 통을 열자
불이 춤을 추고 뒤집고 눕히고 짤리고
술잔이 여러 순배 돌자 얼굴이 불콰해졌다.
샹데리아 빙글빙글 반주음이 꽝꽝 쿵짝쿵짝
템벌린에 신기가 매달려 한바탕 밤의 열기 속으로
어디서 놀았군요 부르스, 디스코, 탱고 돼지 멱도 따고
음정 박자가 니맘대로 개다리 막춤 벽 잡고 말춤
파란 샹데리아가 웃는다.

콩나물 해장국 마시자
핥고 긁고 쓸고 간 창자가 순한 양이 된다.
우주가 돌고 인생도 돌고 파란 피도 돌고
내 머릿속에서 샹데리아가 아직도 돌고 있다.
누가 스위치 좀 꺼주세요.

다리가 저리다

배추 겉데기를 한 겹 베끼고
너덜너덜 잎을 부엌칼로 쳐낸다.
반쪽 내면의 노란 속대에 왕소금 뿌려져
해와 달과 별 어머니도 절인다.
물 빠지는 동안 채칼 끝 결마다 물든
색깔이 고와 들여다보며 허리 피고 다리 주무른다.
사랑의 매콤 달콤 양념 속을 배추 속에
한 올 한 올 빨간색 입혀
김치 냉장고 속으로 차곡차곡 쌓으니 벌써 배부르다.

김장은 배추도 절이고 다리도 저리고
손목 터널도 만들고 삭신 여기 저기 증후군이 매달려
그놈 쫓아내려고
다리 절면서 침 맞으러 가시는 늙은 어머니 등짝이다.

역전 광장, 그곳

역전 광장에 길고 둥글게 뻗은 대리석 의자가 寂滅처럼 있다. 한때 날렸는지 몰라도 지금은 허허롭게 시간을 엮는 사내들 어느 과부가 메니큐어 발랐는지 앙증 맞은 빨간 발톱의 비둘기들 칙칙한 얼굴의 동남아 근로자들 청회색과 까무잡잡이 뒤섞여 조도가 낮아져 바닥이 어둡다 광장엔 외국어가 콩콩 뛰어다녀 산책 나온 푸들도 처음 듣는 말에 귀를 막고 해를 품고 졸고 있는 비둘기 쪽으로 목줄을 당긴다. 과자를 던져 주자 청회색 채도의 등고선이 끌리고 빨간 눈들이 기다림의 선물을 콕콕 앞서거니 뒤서거니 없는 강물 같은 지루한 시간이 흩어진다. 분양 광고지가 바람의 다리 따라다니고 메뚜기 노점상이 여자 펜티 뒤집어쓰고 손뼉 장단에 침 흘리는 사마귀들 모이고 물방개 택시들의 꽃 심장이 열기를 식히고 게슴츠레 눈뜬 나비의 사랑 찾아 오고가고 날마다 허름한 저녁, 까치집 짓는 노동자 이마에 품삯 붙는다. 광장 가로등 아래 어느 연인의 실루엣 오버랩 되자 내 이마에 빨간 뿔이 돋아난 만큼 나는 혼돈의 영혼을 헹구고 있다.

〉

역전은 지금 시큼 달큼 발효 중
항아리에서 잘 익어가는 묵은지.

금강초롱

팔월의 태양을 머리에 이고 비단줄에 복주머니 매달린다.
대지를 향한 적요의 갈망 가련함 품고 풍선이 터지고
활짝 피지도 못하는 너 땡그랑 땡그랑 !
지나가는 풀벌레들에게 한 계절의 절정을 전하네
나는 듯 향기가 퍼지고 누이 설악으로 시집 갈 때
청사초롱 매달아 가슴 설레 가다 가다 보고 또 돌아보고
보라색 종소리 금강에서 설악까지 들리면
오이지처럼 늙어가는 어머니 생각에 밤잠을 설쳐대
보라색 렌즈가 동공에 끼워집니다.
초롱은 가을을 힐끔 쳐다봅니다.
내년에 청사초롱 매달아 길 밝히려고
비단줄 말아 겨울잠 준비 보라빛 종소리도 옆에 재웁니다.

하얀 찔레꽃

구십 살 어머니 마지막 생일 아홉 개 촛불 밝힌다.
허벅지 바늘 찔러 외로움 떨쳐 내고
접동새 속울음 우시고 쪼글쪼글 곶감 되셨네
탯줄의 열매 맺을 때 숭숭 바람이 허물어
서른 두개 기둥 뽑혀도 생선뼈 발라 먹던 노모
빡빡 아가 머리의 우울증 솥에서 조선간장 쫄 듯했다.
멀리 갔다 버릴까 무섭다 귀신 환청 들리신 걸까
큰아들 보고 둘째라 하니 차라리 좋을지도 모르지
죽는 날까지 밤하늘에 뜬 별처럼 말똥말똥하면 어쩌랴
이승과 저승 사이 몽승에서 구십 살 촛불 마지막 춤추네
하얀 까시 하얀 향기 좋아했던 하얀 찔레꽃 닮은 어머니
제 몸 태우며 자꾸 뒤돌아보신다.

짜장 먹을까 짬뽕 먹을까

동지섣달 그믐날 캄캄한 하늘 자정이 자전으로 돌고 구르고 점점을 찍어 떡국이 펄펄 그릇에 담기고 고명으로 김가루 뿌려져 정월 초하룻날 아침 식탁을 맞이하는 한 살의 하얀 떡꾹이 생각나는 점심에 짜장 먹을까 애라 짬뽕이다.

전도 부치고 고기도 삶고 삼색나물도 무치고 먹을게 지천인데 외식 행렬이 고향열차 대기 승객이다. 짬뽕이 갑자기 먹고 싶어졌다. 그렇타고 두 개를 시킬 수도 없지. 물을 들이키면 뱃속은 언제나 짬뽕스럽지. 마음이 오늘 하루 뱀의 혀 뿌리에서 줄타기를 하고 있다. 홍합, 새우를 골라 먹고 하얀 속살의 오징어를 바라보며 제일 맛있는 부위를 엄마 찾아 삼만리 귀때기를 씹는다. 혼자만의 세상에 빠질 때 혼자서 정신세계를 해결하듯, 붉은 피를 뿌리고, 소통을 쳐대고 그릇 속은 백과 흑과 적의 싸움이 벌어져 삼국 통일하고 춘추 전국시대의 붉은 장닭의 해로 넘어가는 시점의 점심이다. 천년전이나 지금이나 구수한 춘장의 시커먼 그림 속에서 내일을 여는 하늘에 태양이 번쩍 뜨면 에취! 재채기를 한다.

〉

새해 기도가 산골짜기에 쌓인다.

짜장과 짬뽕이 냉장고로 들어간다.

떡국에서 한 살의 김이 하늘로 올라간다.

굴순두부

해물아구찜에 빨간 딱지를 비틀자
찰랑찰랑 소주가 노래한다.
쨍 여섯 마디 하늘 텃밭에 심어 놓는다.

노모 헤어져야 할 시간이 마지막 잎새에서 위태롭다.
밤새 신열로 허물어지며 쪼로록 소리가 들리더니
창자에 집 지은 동박새가 알 낳고 날아가 버린다.
간병인 목소리 들린다. 새근새근 이쁘게 주무십니다.

돌솥밥 제 몸 식히려 씩씩 콧김 내뿜고
굴순두부가 내 이마에 땀 얼큰하게 뺀다.

혼족 해장국 밥상에 이태리 수제 스모키 살룬
미국 버거킹이 올라오고
백만 년 지나 머리털 노랗고 눈동자 파랗게 될까
어설픈 진화론을 쓰고 굴순두부가 해장편에서 삭제 될까
걱정 되는 아침이다.

〉

사랑을 위하여

하늘 텃밭에 여섯 자가 자라고 있다.

베트남 쌀국수

송년회, 맥주에 소주 말아서 서너 잔 마시니
하늘이 돈짝 만하게 뺑 간다.
새벽에 속이 쓰렸다. 위벽에 환등기 돌리자
대로변 버스 타고 가면서 무심히 스캔을 뜬
쌀국수 간판이 재생 된다.
그릇에서 숙주가 자라고 거미줄이 똬리를 틀고
소가 무릎을 꿇고 있다.
지느러미 흔들어 육수 짜던 생선이 태평양으로 도망친다.
파란 잎의 고수를 몇 점 올리고 국물을 들이키는데
베트콩이 거미줄에 숨어 잠긴 갈대 줄기 입에 물고
노란머리를 향해 다리 걸어 쓰러뜨리고 총질 해대던
고구마 밭이 이제 평화롭게 보였다.
시원하게 뱃속이 평정을 찾는다.
보리 고개 넘어 온지 몇 해이던가
쌀국수가 밀국수를 밀어 내고 있다.

| 제4부 |

보챔의 제고

보채다니, 보챔은 생명력이다.
젖 달라 보채니 사사사, 사랑을 보채니 샤샤샤
보채지 마라 물 흐르듯 가자 보채면 끝장이다.
보채면 채이고 채이면 보채고
치근치근 대다 잠이 들고 사랑도 자고
보챔은 욕심이고 정복욕이다.
보챔은 완전히 내 꺼로 만드는 치열한 삶의 방편이다.
누가 빼앗아 갈까 빼앗기지 말아야지
은연 중 보챔이 나타나지
물이 흐르는 소리 사랑사랑 들리는
여울목이 내려다보이는 아름다운 이층집에서
살고 싶다고 욕망의 젖가슴에 입술 삐쭉 보채본다.
박새 한 마리 새끼들 데리고 물가에서 물 한 모금 먹고
숲속으로 사사사 사랑하는 연인들 눈빛 너무 다정해
여울목 바라보는 모습이 예쁘게 샤샤샤 흘러간다.

반달에 사는 물고기

잘 가는 카페 주방과 탁자 사이 벽
반달 속에 두 마리 물고기가 논다.
마주 보고 돌기도 하고 계단 따라 걷기도 하고
물달팽이가 문 열어 주면 토기 속에서 졸기도 했다.
돌체라떼를 주문하고 반달을 바라본다.
붉은 꼬리 인사를 하는데 파란 꼬리 보이질 않는다.
눈이 퉁퉁 부은 거 아닌가

지난밤 지진 일어나 반달 흔들리고 해일 덮치자
성질 칼칼한 파란 꼬리가 폴짝 뛰어 내리자
고양이가 물고 갔다. 내가 오면 손 흔들고
배고프다고 몰려들고 손가락을 어항에 대면
졸졸 따라 다녔다. 사랑스런 저것들 길들여진 저것들
사흘 지나 와보니 붉은 꼬리 밤새 슬피 울어
목이 마르단다. 돌아오는 길이 쓸쓸했다.
진열된 대형 수족관 속 파란 꼬리들이 윙크한다.
물고기도 알아보는 재주가 있다.

갯벌

월곶 바다 구경 간다.
검은 속살 갯벌이 숨구멍만 내보이고
산맥들이 꼬리를 물고 편안히 누운 쉼소다.
저녁밥 짓는 달랑게 부서진 난파선에서
갈매기의 매서운 눈, 먹구름을 떠받치는
햇빛의 찬란한 기둥, 을씨년스러운 포구
겨울 썰물의 시간은 갯벌의 휴식을 허락한다.
매끄러운 둔덕 뻘의 숲들이 능선 따라 부르르 떨고 있다.
산맥 위를 도는 갈매기는 하루 두 번 물 마중 나간다.
먼 바다가 몰려오면 갯벌은 춤을 추는데
계곡의 구멍 구멍은 깔닥깔닥 꿈을 채운다.
물속에 잠기는 산들은 무슨 꿈을 꾸는 것일까
내 동공이 거품을 물고 방조제로 걸어 나오고 있다.

꼬리 찾아나서는 잔차들

잔차에 몸을 싣고 공원에서 꼬리 찾아 나선다.
파란 두 갈래 혀뿌리 위에서 동그란 원이 펴지고 있다.
보고 듣고 웃고 만지고 맛보고 느끼고 사랑하는 것
모두가 하나 불가사의하다. 밟을 때마다 알이 자란다.
속력이 자라고 바람은 길을 내주고
귓속은 바람의 콘서트장이 된다.
알록달록 여인들의 잔차가 지나가는
등짝에 피어나는 소금꽃이 명징하다.
혈관 피가 발바닥으로 몰리자 보이지 않는 선
앞바퀴 따라 뒷바퀴가 구른다.
그림자는 줄창 따라오는데 불평도 없다.
망둥어 낚시 바늘에 매단 갯지렁이 꾸물거리자
잔차들이 공원에 꼬리를 물고 있다.
움직이는 것은 돌고 돈다. 우보로스다.
파란 하늘 한 떼의 새무리가 오던 길로 가고 있다.
잔차들이 목 축이러 저팔계 콧구멍으로 들어가자
손오공이 공중제비 인사한다.

주방에 삼장법사 식칼 들고 잔차를 맞이한다.
저팔계 콧구멍에는 두 개의 우보로스가 있다.

*우보로스 : 자신의 꼬리를 먹으며 자라는 우주적인 뱀

보통도 보통 아니다

산곡동 진담 모퉁이 붕어빵만 하루종일 굽는
늑수구레한 사나이, 어쩌면 그는 질곡의 그물 걸린 모습
붕어틀 속에서 팥앙금 알을 품고 산란을 기다리는 붕어들
꼬깃꼬깃한 천원을 내밀면 세 마리가 봉지에 담긴다.
회색빛 하늘을 바라보며 붕어 머리 물고
을씨년스런 공원을 걷는다.

눈 맞추는 게 보통 일인가 입 맞추는 게 보통 일인가
누구와 여행을 떠날 건지 마지막 춤을 누구와 출건지

가랑비 내리기 시작하자 커피와 명상을 섞어 마신다.
바비 인형 닮은 아이 손에 아이스크림 막대기에 매달린
회오리 감자 어떤 맛일까

호주머니에서 보통이 빠진다.
보통이 보통 아닌 보통스럽게 보통의 생각을 가다듬고
보편적인 행동을 해야지 보통스럽게 거리로 나서면

바람 살랑살랑 볼을 건드려 길 안내하는 보통스러운 날
그저 지금처럼, 커피, 붕어빵 바라보는 눈
보통이라 행복하다.

동막골에 뜨는 참치

푸른 바다에서 날아와 털퍼덕 드러누운 달
주방장 모자가 몸을 더듬으면 말을 한다.
냉동고 속에서 노르웨이 연어와 동침을 하던
어느 날 손님이 찾아오면 분가루 뒤집어쓰고
붉은 속살의 누드처럼 붉은 딱지의 연인들이
부위별로 달 조각을 김에 싸서
기름장에 찍어내는 사랑

두둥두둥실 바다 향기 닮은 사람 바다 가고 싶은 사람
모든 사람들이 모여드는 동막골
밤하늘에 뜬 선명한 참치의 달
부어라, 맞대 보자, 마시자

이래서 한 잔 저래서 한 잔
부어질 때마다 누드의 조각달이
흔들흔들 취해 바다로 사라질 때마다
동막골 계곡으로 다시 떨어질 때마다
낄낄대며 붉게 물들어 가고 있다.

웅어 이야기

사각사각 소리 들리고 진달래 개나리 필 때
먼 바다에서 강화도 바라보며 울긋불긋 앞바다가 물들면
아랫배 부풀리고 사랑을 몰고 온다.
임금님 수라상에 올려지는 봄의 전설
한강 하구 갈대밭이 웅성거리고 있다.
초고추장에 푹 찍어 뼈채 아작아작 씹으면
고소하고 담백해 흔들렸다.
숨어 우는 갈대 바람소리 아라뱃길 타고 내려와
꽃피는 소식 전하고 가면 고향 그리워
초지대교 지나가는 봄의 전설을 맛보러 온
풍각쟁이 입맛 다시는 소리
이조 오백 년 속에서 살아나온다.

한 생이 끌려가고 있다

폐지가 잔뜩 쌓이고 두 바퀴만 걸어오네
한 생이 끌려가고 있다.
작은 체구 헝클어진 머리 누가 버린 걸까 앵글부츠
문어 빵빵 말린 두 손이 밀고 있다.
휴지통 뒤지고 폐지 줍고 한나절 돌아다녀
고물 리어카에 실리고 처박히고
남의 눈치 슬금슬금 쳐다보라지
남정네 잘 만나 호강도 했다.
영감 죽고 자식 나 몰라라 하니
거리를 헤매는 한 생이 서글프다.
타이어가 반쯤 눌리어져 걸음 옮길 때마다
가릉가릉 가래를 끌어 올리고 있다.
역전 광장에 모인 구구구 비둘기 속으로 들어서자
폐지가 끌고 오는 한 생을 위해
고물상 가는 길을 열어 준다.

인천공항

바다에서 떠오른 등뼈에서 전설이 자라고 있다.
육식동물에 뜯어 먹히고 붉은 살점이 떨어져 나가고
인천 앞바다에 살던 공룡이 화석으로 천년동안 꿈을 꾸다
들어 올려진 공룡의 뼈들이 섬과 육지의 디딤돌이 되고
등뼈를 타고 질주하는 개미들 갯벌에 짱뚱어 하품 소리
밥 짓는 콩게의 콩콩거림 멀리 보이는 공항 활주로에
앉았다 날아 오르는 힘찬 익룡들,
오늘은 무슨 사연 싣고 배를 갈라 토해내고 삼키고
푸른 창공을 나는 이카루수의 꿈들,
인천대교를 가로 질러 비상하고 이국으로 떠났던
사랑하는 여인이 돌아오면 설레는 만남을 꿈꾼다.
둥지를 떠나고 둥지로 돌아오고
알들에서 깨여나 꿈틀대는 애벌레들의 탈출이 시작 되고
빨간 장미 가시들 끝에 맺힌 앵두만한 빨간 열매
대롱대롱 매달려 있다.

오리털 날다

에스컬레이터를 타고 거울 속 뒷모습 보니
자라 등짝에 붙은 알이다.

봄부턴 털 심고 여름엔 털 무럭무럭
가을엔 털 수확하고 겨울엔 털 저장하고

북극 하늘이 깔릴 때 거리엔
오리, 거위가 걷고 뛰고 날고 있다.

신상 오리털 패딩 삼십마리 오리 값
가격이 삼삼하다.

빨간 루즈의 여점장 손님
모델이 좋습니다.

오리 꽉꽉 거위 끽끽
오리털 누빈 겨울 거위털 누빈 겨울

패딩은 바람의 벽, 패딩은 겨울 패션

오리털 패딩을 고르는데
하얀 오리 가슴 솜털이 아울렛 허공을 날고 있다.

동물원에서

사순절이 오고 있다. 사육제는 객관적이다.
냄새가 벽 속을 파고 든다. 모가지 아래 경계가 없다.

사바나의 점잖은 신사
아프다, 배고프다, 울음소리도 낼 수 없다.

먹으면서 내려보고 살아야 하는 운명
보라색 혀로 감아 아까시 잎에 달린 까시
목구멍을 파고 들 때마다
아프고 아프지만 울 수도 없는 얼룩빼기 꺽다리
진화인지 퇴화인지 찰스 다윈에게 물어야겠네

그 옆집엔 육지에 살다
먹이 편안하게 먹으려고 물속으로 끌고 가서 먹다

육지와 이별하자 앞발을 천 년 동안 물의 혀로
핥아 지느러미 만들어 바다가 편하다.

〉

컹컹 짖어대면 꺽다리 고개만 흔들지

긴 모가지 쳐다보며 컹컹대는 울음소리 객관적이다.

창밖을 바라보며

앙상한 가지에서 겨울이 새끼를 키우고 있다.
겨울은 새끼들을 위해 겨울잠을 자는 중이다.
태양도 빨리 잠자리에 들지만
늦잠을 자고 이불 속에서 게으름을 피운다.
겨울 좋아 하는 것들은 투정을 하지
빙하에서 북극곰이 콧속으로 기름덩어리 냄새를 맡는다.
그의 작은 숨구멍에서 물방울이 냄새 밀어 올린다.
한 마리 물개 낚아채니 겨울의 살점이 뜯겨 나가고 있다.

창공에 새떼가 겨울을 밀고 내려오면
창밖으로 저수지에 수백만 송이 꽃이 핀다.
폭폭 팍팍 겨울 겨울

뱃속에 알 품고 산 넘고 바다 건너 날아온 이국땅에서
오늘 첫밤을 맞이하는 자태가 더 뒤뚱거린다.
운무의 커튼이 저수지에 쳐지면
하나둘 씩 주둥이를 몸속으로 파묻어

기나긴 겨울을 밀어내고 태어날 제 새끼에게 울음소리 각인 시킨다. 까아욱

겨울이 파문을 일으키며 바람이 가지를 흔들고 있다.

오지랖 넓어 삐지다

오지랖이 넓은 벽오동나무가 담장 귀에 소근거린다
오지랖이 넓은 게 문제 아니라 좁은 게 문제라며 담장귀가
장독대에 가서 물어보라 한다.

오지랖이 넓은 것은 꽃 진 자리마다 살림을 내줘
벌레들에게 집을 내주고 석달 열흘 끙끙 앓고도
헤벌레 웃음 짓는 일이다.

오지랖이 좁다는 것은 장독대 끝자락에서
진보라색 나팔꽃 줄기가 담장 등나무 오지랖을 타고
돌돌 똬배기 말아 어깨 짚고 혀 내미는 거란다.

새벽에 자주색 꽃 피면 별들은 하나둘 드러눕고
담장에 등꽃 장독대에 나팔꽃이 팔짱을 껴대면
벌과 나비들이 분주해져 높게 자란 오지랖
낮게 자란 오지랖 보며 벽오동 꽃은 샐쭉 삐져
제 몸 흔들어 꽃을 떨군다.

담장과 장독대에 널려진 오지랖 넓고, 좁은 옷이
서로 눈알 부라리면서 입 삐죽거린다.

붉은 지네에 물린 닭

꿩의 사촌, 나는, 눈자위 붉히고 외면, 춘삼월 산골짜기 개나리 진달래 지천이다, 그네를 타며 밤새 꿈꾸는 벼슬의 피를 먹자고 덤비는 산모, 증강현실 속 오천만 닭, 날개를 펼치면 파닥파닥, 바람기 달라붙은 도화살, 남정내는 먹지마라, 옛날부터 전해 내려오고, 땅속에 눈 마주치지 않으려고 숨어사는 벌레들의 저승사자, 꿈틀 펼치는 세상, 난, 카드섹션을 바라보는 이런 것들이 여기 이 땅에서,

잿더미 산을 지나는데, 수천만 마리의 붉은 닭대가리가 호랑이 죽여 눈알을 파먹는데 귀신이 놀래 공동 묘지 사이를 돌아 혼비백산으로 도망치는 상상 속 부리와 발톱은 가상현실 속 무기가 된다.

내게 그네를 달아 준 날이다 발톱을 잘라내 산 속에 매장하면 모여들어 헤집는 달밝들, 초록비단*접저고리에 하얀털바지 입고, 수만 년 대문 밖에서 떨어진 곡식 주워 먹고, 그럭저럭 컸는데, 사위 오면 대접하고, 병이 나면 蘇復하고, 닭도리탕으로 흥을 돋군다.

그네가 흔들리는 날 옹이 구멍사이 빛이 들어오자 새벽 장닭 목 길게 빼 열 번 울고 도망치는 붉은 지네 집어 삼키시다.

* 김해 쪽에서 전해 내려 오는 민요 일부 인용.

어느 날의 꿈

마음속에 새싹 심는다
햇살 스며들지 못하니
어둠의 벽 버티고 있다.

당신 이제, 몸 조심 하시길
벽 막혀 꿈이 없네
벽 허물어 꿈을 이루네
벽 쌓고 허물고 꿈만 꾸네

꿈을 좇는다.
헤매다 지쳐 버린다.
파랑새가 꿈 물고 온다.
풀어 헤친 머리에 새싹이 자란다.

꿈을 좇는다.
개나리 진달래가 핀다.
개구리가 하품을 한다.

웅크리자 눈에 힘 들어간다.
입가에 푸른 잎 돋아난다.

말 궁뎅이 언덕에 누워
별 밭에 꿈을 심는다.
찬란하게 영글어 간다.

꿈도 자연의 조각품이다.

행복한 꿈을 꾸었다면
당신은 꿈이 아니라 현실이 된다.

나는 아직 배가 고프다

축하 받을 때 선물, 내겐, 붉은 동굴 속에 친밀한 살붙이들, 삼월에 꿈틀대는 나무뿌리의 몸부림, 그 며칠 지나 마디에 노란꽃, 산비탈에 연분홍 치마 뒤집는 손놀림, 무언지 2% 부족함, 배고픈 식탁 한 번 보실래요.

기분 좋고 우울하고 슬픈 날, 폭식, 터져라 채워도 왠지 허전함, 디저트가 생각 남, 치즈 케익 한조각 주문, 배고픔의 신호와 다른 느낌, 감정적 허기짐, 다이어트는 물 건너 간다.

나는 사바나의 풀을 뜯어 먹는다. 갈기 불타는 숫 사자가 팔뚝에 시계를 차고 어슬렁 , 암사자를 발로 찬다, 홀쭉한 배를 하늘로 드러내자 무리들이 냄새를 맞고, 얼룩말 무리를 눈과 코로 잡아당긴다.

재수 없는 놈이 쓰러진다, 숨통을 끊고 배를 가른다, 입가에 피를 닦고 자리를 피한다, 창공을 빙빙 돌던 대머리 독수리가 시체 앞에서 열병식을 한다, 쟈칼 한 쌍이 주둥이를 내민다.

불타는 숲을 바라본다. 잡초가 활활 탁탁 폭죽을 쏘며 불꽃놀이다. 메뚜기가 딱딱 이빨을 부딪히며 날아간다. 새들의 식탁이 풍성하다. 킹코브라가 머리를 바짝 쳐든다.

허기진 것들의 물, 풀냄새 따라 이동이다. 소용돌이치는 강의 악어 속으로 들어간다. 사바나 여울목에서 벌겨 벗겨진다. 자연의 신비를 꿀꺽꿀꺽 마시고 있다.

나는 아직도 코가 배고프다.

여명

내가 생과 사의 경계에서 침잠된 삶을 흔들어 놓고
미래가 어떻게 전개 될지 어두움의 껍질을 벗길 때
수평선에 양탄자를 깔고 이분법의 선을 긋는 여명

이 아침을 위하여 노란 촛불 아래
붉은 포도주를 마시며 사각사각 하루를 지우고
누군가 도움 받을 수 없어 어둠 속에 무릎을 꿇는다.
아주 숨 가쁘게 내몰아 어제의 고단함 쓰러내자
몸은 비치적거리지만 허전한 마음 밀어내고
붉은 기운이 나를 채우고 있다.
태양은 묘지 위에 떠오르고 태양은 바다 위에 떠오르고
여명은 삶의 숭고한 탄생 무섭고 따뜻한 묘지는
여명 속에서 점점 자라고 있다.
물 위로 솟아난 붉은 양탄자 그 위로 비둘기 날고
달덩이 등 속에서 달그락달그락
밥 그릇 수저 소리 물 내리는 소리, 사랑의 입맞춤 소리

〉

여명의 양탄자 위로 움찔움찔대는 저것들
바다 건너 산을 넘고 오늘도 어디로 가는 것일까.

찻잔 속에 온기가

커피 마시다가 친구의 암 소식 듣고
울컥 천장 쳐다본다.
와인 바지로 회색 니트로
바닥과 천장 사이 허공을 응시하다
백색의 순한 양처럼 석고 조각으로 고정된다.

전화를 끊는다.

등산복 입은 연인이 들어오고
유모차 끌고 젊은 여인이 들어오고
유모차 아기는 잠이 들고
카페는 행복으로 가득하다.

음악은 흐르는데
아기가 젖 달라 우는데
한 생이 깜박거리는데
멍하니 식은 커피를 마시고 있다.

|해설|

시, '잔인殘忍한 무도舞蹈'의 상상

—김영진 시의 모험

백인덕 | 시인

1.

우리는 모두 '오늘'을 산다. 아니 '이 순간'을 산다. 이 마저도 크다면 '산다' 생각하는 찰나刹那, 거기가 아닌 어딘가에 있다. 이것은 무엇인가, 무슨 '의미'인가. 붙잡을 수 없다는 말을 하고 있는 것이 아니다. 허망虛妄을 진열하는 것도 아니다. 이것은 우리가 끝없이 '환원還元과 소환召還'을 되풀이 할 수밖에 없는 존재라는 뜻이다. '기억과 기대'를 싹 사상捨象하면 거의 제로에 가까운, 즉 빈손의 존재일 뿐이라는 것이다. 그럼에도 불구하고 우리는 모두 '오늘'을 산다. 아니 '이 순간'의 생을 영위할 수 있을 뿐이다. 이 불가피한 모순이 장삼이

사張三李四를 시인이 되게 한다. 그를 탐색과 희망 사이에서 들뜨게 하고 미치게 하고, 때로 가라앉아 천근만근의 돌 아래 눌려 겨우 숨만 쉬게 한다. 그래서 결국은 모든 방위方位와 차원次元에 쏟아지게 한다. 물론 '상상想像', 오직 상상 속에서만 그러하지만 시인은 자기를 벗고 시원始原에서 종국終局으로 걸어간다. 그가 자기를 벗은 자기의 보법步法을 몸(시가 결국 외화外化될 수 있는 것도 다 '몸'이 흩어지기 전까지일 뿐이다)으로 실현하는 동안 금세 보법은 '무도舞蹈'가 된다. 그러므로 새롭게 정의할 수도 있겠다.

김영진 시인은 '새롭게 정의할 수 있는 시인'을 꿈꾸는지도 모른다. 시원이나 종국을 향해 자기만의 무도에 열중하는 어떤 초상肖像을 그려, 자연의 여러 색채와 비교하며 보폭步幅과 속도를 조정調整하고자 한다.

> 미리내에 살던 푸르미르 한 마리가 아라에서 꼬리 퍼르퍼르하샤 윤슬 위에 물비늘이 깔리면 수피아가 호노니 하여 온 세상에 알리노니 산들림이 호드기 불고 하마하마 잔잔한 어둠이 나비잠을 재촉하샤 푸른 늘솔길 따라 해오름에 오르면 어라연히프제가 과녁을 맞추샤 몸부림에 태평양이 쫘아악 갈라져 해저에 돌개바람이 에움길 따라 빠져 나가면 하늘길 내줘 꽃잠에서 깬 수피아가 푸르미르 등에 올라타 미리내 속으로,

달보드레 나르샤.

—「달보드레 나르샤」 전문

표제작이기도 한 이 작품은 마치 중세 국어의 '용비어천가龍飛御天歌'와 같은 문투로 해독解讀을 어렵게 한다.(물론 시인은 작품 아래 각주로 현대 국어로 잘 풀어놨다) 시인이 쓴 이 창조신화는 이미지의 유사성이나 규모의 크고 작음을 따지기 전에 왜 하필 '달'일까라는 의문을 돋아나게 한다. 암흑과 빛, 색과 소리라면 모를까 아무래도 '달'은 '태양'보다는 창조에 있어 2차적인 것이 사실이다.(물론 상징이 그렇다는 것은 아니다)

이 작품은 천상과 지상의 결합에 의한 생명의 태동과 그 원초적 꿈을 보여주고 있는데, 사실 여기서 주목할 부분은 "달보드레"가 시인이 풀어쓴 부분에서는 "연하고 달콤하게"로 해석되어 있다는 점이다. 단지 표제시가 주는 강렬한 인상 때문이 아니라 빈도頻度나 무게 등에서 '붉다'라는 시어와 함께 이번 시집의 전반부에서 '달'은 매우 중요한 상징으로 읽힌다.

달빛이 붉은색 커튼을 친다

—「천사의 나팔」 부분

달의 볼살을 야금야금 파먹기 시작하네

부끄러운 달이 허공으로 두둥실 떠오르네.

—「달과 두꺼비」 부분

표제작과 이어지는 몇 편의 작품에서 '달'은 원형상징으로서의 의미를 그대로 함축한 것으로 드러난다. 일반적으로 '달'은 생명의 '창조/변화/자아성찰'이라는 층위層位적 의미를 갖는데, 김영진 시인에게 있어 중요한 것은 특히, '창조' 즉 생명의 '발생'에서 '달'이 기여하는 부분인 것처럼 보인다. 앞에 인용한 시에서 확인할 수 있듯이 '붉은색 커튼'을 친다는 것은 혼례의 첫날밤을 상상할 수 있도록 환기喚起하며, 두꺼비가 '달의 볼살'을 파먹기 시작했을 때 '부끄러운 달'이 허공으로 떠오르는 것은 자연의 어떤 현상의 묘사일 수도 있지만 상징적으로는 생명의 잉태에서 비롯하는 환희의 표현으로 읽힌다.

반면에 '붉음'은 위상학적으로 '달'과 대비되는 것이 아니라, 거의 강제적으로 병렬 배치되는 상징으로 자연스럽게 창조된 생명의 약동躍動, 또는 그 안에 숨은 질곡桎梏을 표상하는 것으로 보인다.

갈기 날리며 백마 한 쌍이 달리고 있다.
보름달 허리에 찬 혁대 풀어 내리치면

붉은 울음소리 해변을 메운다.

—「석류가 익으면」 부분

하얀 쟁반의 딸기
내가 먹었지 없지 어머니가 먹었지
딸기 먹었지 없지 뒤영벌이 먹었지
해와 달과 별도 먹었지

—「딸기」 부분

인용 작품 중에서 앞의 작품은 상징으로 가득하다. 그것은 이야기 구조와 같은 일반 문법으로 읽으면 잘 해석되지 않는다는 말과 같다. '석류'라는 대상이 분명하게 명시되고 있기 때문에 작품은 '석류'가 붉은 속을 갖게 되기까지 오히려 '흰', 즉 생명의 백치白痴였어야 함을 말한다. 그러다 '백마'라는 이미지가 보여주듯 그 안에 충일充溢한 생명이 흘러넘치게 되면 세상을 가득('해변을 메운다') 채울 수 있게 된다는 것이다. 하지만 그 생명력도 이어지는 작품, 「딸기」의 순환循環을 비껴갈 수 없는데, 이 작품은 '흰 색'과 '빨강'의 대비가 적절하게 의미를 실어 나르고 있다. '딸기 농사 30년'이라는 현실적 표지 이면에서 시인은 '하얀 쟁반의 딸기'를 문득 마주한다. 희고 붉은 것, 이 대비는 한 눈에도 선연하지만, 표상 아래 의미망에 다 걸려 있는 시인은 그 대비를 무시하거나 확장한다.

> 내가 생과 사의 경계에서 침잠된 삶을 흔들어 놓고 미래가 어떻게 전개 될지 어두움의 껍질을 벗길 때 수평선에 양탄자를 깔고 이분법의 선을 긋는 여명
>
> —「여명」 부분

오늘 어디로 갈지, 아니 오늘이 어떻게 전개될지 모르겠다는 진솔한 고백은 그에 앞서 '하얀 쟁반의 딸기'의 몸, 아니 그것에 대한 인식적 수고가 없이는 불가능하다. 대부분의 경우 '여명'은 경계지만 언제나 아침이라는 '희망' 쪽에 방점을 찍기 마련이기 때문이다. 그러나 시인은 자기 시원을 생각하면서 단순히 다음, 혹은 내일이라는 시간적 미혹迷惑을 허락하지 않는다. 그것이 시인의 이번 시집의 한 지지대일 것이다.

2.

순수하게 혹은 이론적으로 시-공간의 분리불가능성이나 한 존재로서의 '나'와 우주의 '연기緣起'를 말하지만, 사실 '오늘'에 집중하고 그걸 주무主務한다고 믿어야 하는 일상에서 이 기원과 관련한 '말'들은 다 길거리의 형광 광고판처럼 익

숙하고 낯선 것일 뿐이다. 우리는 '사유'하는 존재지만 언제나 사유는 '몸'을 동반한다. 그러므로 '오늘'은 작은 사건에서 어떤 시적 인식의 순간으로 다가오게 마련인데 김영진 시인은 이를 잘 포획捕獲하고 있다.

> 거봉포도 한 알 깨물다가 어금니가 비명을 지른다
> 쌀알만 한 돌이 나온다 머릿속이 갑자기 환해진다
> 몸 구석구석이 허물어지고 있다
>
> 치과에 가 안면 파노라마 한 장 찍는다
> 아~ 아~ 크게 벌리세요 긁고 쑤시고 두드리고
> 입 속 우주를 촬영하더니 금관을 씌워야겠단다
>
> 윙윙윙~ 내 몸에서 화장터 냄새가 난다
> 모래가 날리고 폭풍우가 쏟아진다
> 블랙홀이 오늘은 더 소란스럽고 수상하다
>
> 빠지고 씌어지고 버려지는 일만 남았다니
> 쓸쓸하다
> 오늘 하루가 포도씨에 매달려 있다

—「거봉포도에 매달린 하루」 전문

인용 작품은 일상의 사소한 사건인, 거봉포도를 씹다 통증을 느낀 어금니 때문에 치과에 간 사건으로 시작한다. 비록 시작은 미미했지만 그 사건은 '금관을" 씌워야할 만큼 큰 일로 번진다. 뭐 괜찮은 보험이 있어 일상의 에피소드로 끝난다면 좋겠지만, 시인은 이 작은 사건을 하나의 모티프motif로 삼는다.

주지의 사실이지만, 시적 수사는 바로 이러한 약간의 과장을 허용한다. 왜냐하면 수사란 결국 효과, 즉 의미를 발생시키기 위한 도구에 지나지 않기 때문이다. 시인은 '거봉포도'라 한다. 그것이 한 품종이라는 것은 시적으로 아무 의미도 없다. '거巨'가 주는 언어적 뉘앙스만이 유의미하다. 겨우 포도 '한 알'을 깨물었는데 '어금니가 비명을 지른다'는 것은 당연히 과장이다. 그것은 '포도 씨'의 *크기*와 '비명'이라는 어휘의 *크기*가 지나치게 비대칭적이기 때문이다.

하지만 시는 이러한 비대칭, 모순을 자기 성찰의 계기로 삼는다. 그래서 부지불식간에 시는 제유提喩가 되고, 통증을 유발한 '이' 하나가 '몸', 또는 전존재에 대한 회의를 불러일으킨다. "빠지고 씌워 지고 버려지는 일만"이라고 했지만, 이빨 하나가 하루를 '쓸쓸하다'라는 감정에 휩싸이게 한다. 이 감정적 휩싸임이 자기라는 울타리를 벗어나면 동질同質의 아픔에 촉수를 뻗기도 한다. 가령, 「누가 스위치 좀 꺼 주세요」에서 "콩나물 해장국 마시자/핥고 긁고 쓸고 간 창자가 순한 양이 된다/우주가 돌고 인생도 돌고 파란 피도 돌고/내 머릿속에서 샹데리아가 아직도 돌고 있다"는 것은 혼자라는 생각의 처절한 고백과도 같지만, 돌아보면 사람들은 다 자기 희망과 좌절의 그런 이야기를 생성하며 지나가고 있다. 그래서 문득 눈에 띄는 "사과장사 아줌마 옆 오이지 파는 홀아비와 정분이 나 곰보 신랑한테 두들겨 맞아 홀아비 얼굴에 오이꽃이 피고 손 싹싹 빌었다는 깡시장 삼각관계 전설은 아직도 이세 삼세를 탄생시키고 있다. 물건만 파는 곳이 아니라 노래, 춤, 도박, 사랑, 와이담도 팔린다. 홍두깨 손칼국수 한 그릇 뚝딱 먹고 까만 비닐봉지 들고 정지문 열고 들어서면 털보숭이 강아지가 좋아 꼬리를 흔든다. 깡깡깡."(「부평 깡시장」)을 시로 노래하기도 한다.

나는 나이면서 동시에 아니면서, 타자이면서 타자가 아니면서 '나'인 존재다. 이것은 존재론이 아니라 일종의 '투정'이다. 결 곱게 잘 배열 된 이미지에서 발견할 수 없는 날 것의 이미지가 살아있다면, 우리는 의미는 다 안다, 어쩌면 표현하는 능력이 전부일지도 모른다. 그런데 시인은 연접連接하는 몇 개의 수월한 이미지를 보여준다.

가시는 날 배롱나무 씨앗 하나 어머니 가슴에 심어 드리겠습니다. 고향 찾아 찾아가시면 따스한 봄날 그 기와집 안마당에 심으세요. 우리도 언젠가는 고향집을 찾아갈 겁니다. 그때에는 어머니 이미 심어놓으신 배롱나무꽃이 가득하겠지요.

—「배롱나무 꽃씨를 심다」 부분

그저 못 믿어 징징대던 날들이 다 사라지고, 잠시라도 생각이 한 지점에서 응결凝結한다면 그것은 '어머니'일 것이다. 나는 거기서 발생했으므로 내 시초를 알 수 있을 것 같고, 내가 당신의 끝을 체험하기에 내 것으로 유추할 수 있을 것 같다. 시인은 그 상관물로 '배롱나무'를 떠올렸다. "가시는 날 배롱나무 씨앗 하나 어머니 가슴에 심어 드리겠습니다"라는 처절한 약속이 사소한 일상이나 시대적 아픔과 같은 동질성의 확인 속에서 돋아난다. 시인은 인천과 그 주변의 지명과 상황을 시의 중심 주제로 많이 차용했지만, '오늘' 우리의 불안정성을 보여주기에는 단 한 편의 작품으로도 충분했다.

막걸리 한 사발 쭈우욱 들고
주먹을 몇 번 폈다 오무리니
붓이 화선지 위에서 춤을 추고 있었다

—「수전증과 막걸리」 부분

김영진 시인은 '달과 별과 꽃과 그 무엇'이 있는 우주를 시적 어휘로 포섭하고자 지난한 길을 도모圖謀하고 있다. 그 와중에 아주 냉랭하게 보자면 "커피 마시다가 친구의 암 소식 듣고/울컥 천장 쳐다본다/와인 바지로 회색 니트로/바닥과 천장 사이 허공을 응시하다/백색의 순한 양처럼 석고 조각으로 고정된다"(「찻잔 속에 온기가」)고 '오늘'에 사로잡힌 자기를 돌아본다. 생은 이처럼 나였다가 타자였다가 다시 나로, 남으로 무한히 바뀌며 파도처럼 밀려온다. 그런데 이 별다를 것 없는 삶 속에서 시인은 어떤 부계父系의 내력 같은 것을 읽어낸다. 앞의 인용 작품에서 시인의 부친이 비록 남이 보기에는 늘 허청대는 발걸음이었지만 "주먹을 몇 번 폈다 오므리"면 화선지 위에서 청룡처럼 춤을 추는 글씨를 보여주었듯 시인도 시를 날아가게 하겠다는 것이다.

3.

김영진 시인의 시가 '무도의 상상'인 까닭은 매일 일상에서 일어나는 온갖 사태事態와 사건事件을 다 시인의 방식, 물론 그것은 시이므로 일종의 어법語法이겠지만, 그 방식으로 풀어내는 데 있다. 부평역, 백운역처럼 시인의 눈길이 가 닿는 곳은 현실의 특정 장소지만 또한 그곳은 현실에서는 결코

포착捕捉할 수 없는 곳이다. 왜냐하면 현실을 반영하려는 모든 시가 그렇듯 이미 언어의 대상으로 삼는 순간 생생한 현실 그 자체는 사라지고 없기 때문이다. 하지만 이번 시집을 통해 확인할 수 있는 것은 '생생한 현실'의 포착이 중요한 것이 아니라 시인이 그의 언어를 어떤 방식으로 전개하고자 하는지가 드러나느냐의 여부다. '잔인한'이라고 했지만 그것은 자연 그대로가 보여주는 모든 사태와 사건의 속성일 뿐이고, 시적 가치는 시인이 스스로에게 부과賦課하는 어떤 '상像'에 의해 결정된다.

오지랖이 넓은 벽오동나무가 담장귀에 소곤거린다
오지랖이 넓은 게 문제 아니라 좁은 게 문제라며 담장귀가
장독대에 가서 물어보라 한다

오지랖이 넓은 것은 꽃 진 자리마다 살림을 내줘
벌레들에게 집을 내주고 석달 열흘 끙끙 앓고도
헤벌레 웃음 짓는 일이다

오지랖이 좁다는 것은 장독대 끝자락에서
진보라색 나팔꽃 줄기가 담장 등나무 오지랖을 타고
돌돌 꽈배기 말아 어깨 짚고 혀 내미는 거란다

새벽에 자주색 꽃 피면 별들은 하나둘 드러눕고
담장에 능꽃 장독대에 나팔꽃이 팔짱을 껴대면
벌과 나비들이 분주해져 높게 자란 오지랖
낮게 자란 오지랖 보며 벽오동 꽃은 샐쭉 삐져
제 몸 흔들어 꽃을 떨군다

담장과 장독대에 널려진 오지랖 넓고, 좁은 옷이
서로 눈알 부라리면서 입 삐죽거린다

—「오지랖이 넓어 삐지다」 전문

시인은 좀 멀찍이 떨어져서 '담장과 장독대'의 '오지랖론論'을 그저 비교, 전시하지만 "새벽에 자주색 꽃 피면 별들은 하나둘 드러눕고/담장에 능꽃 장독대에 나팔꽃이 팔짱을 껴대면/벌과 나비들이 분주해져 높게 자란 오지랖", 즉 자연의 이법을 그대로 본다. '오지랖'은 현대적 용어로는 '관여關與'인데, 그렇다. 세상에 무심하거나 이미 해탈이나 초월적 경지에 닿았다면 그것은 굳이 일상의 언어로 저자거리에 내려올 이유가 없다. 사람의 시는 저자의 늦은 밤 '포장마차'에서 아직도 명멸明滅할 것이다. 따라서 시인의 시도 그 현장에서 스스로의 생기生氣를 피워 올리게 될 것이다.